Marian elämä

Rainer Maria

RILKE

Marian elämä

ζάλην ἔνδοθεν ἔχων . .

Suomentanut
Liisa Enwald

TAI-teos • HELSINKI

Alkuteos *Das Marien-Leben*. Insel Verlag, Leipzig 1913.
Teoksen suomentamista on tuettu suomalaisen kirjallisuuden edistämisvaroista.

Näköispainos ntamo 2012
ISBN 978-952-215-221-3
Valmistaja:
BoD – Books on Demand, Norderstedt, Saksa

www.ntamo.net

Ikonipiirrokset, *Ikonenzeichnungen*
Ennusmerkin Jumalanäiti, *Mutter Gottes des Zeichens*
Ustjugin Ilmestysikoni, *Die Verkündigung von Ustjug*
Jumalanäidin kuolonuneen nukkuminen, *Das Entschlafen der Mutter Gottes*

Sivunvalmistus, *Textgestaltung* Eeva Niiranen

Sisällys

Ustjugin Ilmestysikoni, *Die Verkündigung von Ustjug*
(Dan. 8: 16; 9: 21; Lk 1: 19, 26)

GEBURT MARIÄ

O was muß es die Engel gekostet haben,
nicht aufzusingen plötzlich, wie man aufweint,
da sie doch wußten: in dieser Nacht wird dem Knaben
die Mutter geboren, dem Einen, der bald erscheint.

Schwingend verschwiegen sie sich und zeigten die Richtung,
wo, allein, das Gehöft lag des Joachim,
ach, sie fühlten in sich und im Raum die reine Verdichtung,
aber es durfte keiner nieder zu ihm.

Denn die beiden waren schon so außer sich vor Getue.
Eine Nachbarin kam und klugte und wußte nicht wie,
und der Alte, vorsichtig, ging und verhielt das Gemuhe
einer dunkelen Kuh. Denn so war es noch nie.

MARIAN SYNTYMÄ

Vaikea laulua pidättää oli enkeleiden,
tärkeä viesti kun ennalta tiedettiin:
kaukana takana hämärän sekä tähtiteiden
Pojalle, joka vielä jäi taivaisiin,

syntyisi Äiti. Enkelit vaikenivat ja hiljaa
viittoivat tietä taloon Joachimin,
tunsivat tihentymän, joka kiertäen ruohoa, viljaa,
kasvoi kuin tuulenpyörre ankarin.

Talossa kaikki jo olivat tolaltansa,
naapurin vaimo ei pystynyt auttamaan,
lehmä ei hillitsemään hurjaa huutoansa.
Tällaista ei ollut eletty milloinkaan.

DIE DARSTELLUNG MARIÄ IM TEMPEL

Um zu begreifen, wie sie damals war,
mußt du dich erst an eine Stelle rufen,
wo Säulen in dir wirken; wo du Stufen
nachfühlen kannst; wo Bogen voll Gefahr
den Abgrund eines Raumes überbrücken,
der in dir blieb, weil er aus solchen Stücken
getürmt war, daß du sie nicht mehr aus dir
ausheben kannst: du rissest dich denn ein.
Bist du so weit, ist alles in dir Stein,
Wand, Aufgang, Durchblick, Wölbung –, so probier
den großen Vorhang, den du vor dir hast,
ein wenig wegzuzerrn mit beiden Händen:
da glänzt es von ganz hohen Gegenständen
und übertrifft dir Atem und Getast.
Hinauf, hinab, Palast steht auf Palast,
Geländer strömen breiter aus Geländern
und tauchen oben auf an solchen Rändern,
daß dich, wie du sie siehst, der Schwindel faßt.
Dabei macht ein Gewölk aus Räucherständern
die Nähe trüb; aber das Fernste zielt
in dich hinein mit seinen graden Strahlen –,
und wenn jetzt Schein aus klaren Flammenschalen
auf langsam nahenden Gewändern spielt:
wie hältst du's aus?

MARIA TEMPPELISSÄ

Jotta sen tajuaisit, millaisena hän
temppeliin astui, koeta kuvitella
pylväiden kohoaminen, ja portaiden
– sinussa kaikki, avaruudessasi,
tilassa jota holvi silloittaa
ja torni nostaa eikä mikään täytä.
Perillä olet etkä saata paeta:
kaikki on sinussa jo kiveä,
ylöspäin pyrkimistä, kaaritilaa
ja perspektiiviä. On esirippukin,
sitä voit siirtää tärisevin käsin
loistosta nähdä pienen palasen,
henkeä pidätellen, silti kiintyen,
haluten kosketella noita kalleuksia.
Ja miten linna linnaa ympäröi,
portaikko portaikkoa. Kaiteet soljuen
toisistaan putoavat jyrkänteillä
– se pyörryttää. Ja silmät sumentuvat
suitsukkeista. Kaukainen pilvi säteen lähettää
sinussa sinuun. Maljat liekehtien
piirtävät kuvioita kultakankaisiin.
Sen kestätkö?

Sie aber kam und hob
den Blick, um dieses alles anzuschauen.
(Ein Kind, ein kleines Mädchen zwischen Frauen.)
Dann stieg sie ruhig, voller Selbstvertrauen,
dem Aufwand zu, der sich verwöhnt verschob:
So sehr war alles, was die Menschen bauen,
schon überwogen von dem Lob

in ihrem Herzen. Von der Lust
sich hinzugeben an die innern Zeichen:
Die Eltern meinten, sie hinaufzureichen,
der Drohende mit der Juwelenbrust
empfing sie scheinbar: Doch sie ging durch alle,
klein wie sie war, aus jeder Hand hinaus
und in ihr Los, das, höher als die Halle,
schon fertig war, und schwerer als das Haus.

Hän toisin näki.
Nosti katseensa, (lapsi kun oli, vaimot häntä toivat),
ja astui tyynesti ja luottavasti,
kalliita esineitä tönäisi
kuin ylpeästi – tiesi nimittäin,
että ne tehnyt oli ihmiskäsi.
Se mikä rakentunut oli hänessä,
se oli enemmän!

Se sisin tahto
sai hänet antautumaan, merkit lukemaan
sisältään eikä korurinnuksista
saattajavaimojen. Hän heihin kyllä
kurkottaa koetti lapsensilmillään,
vaan tiesi: holvejakin ylemmäksi
kohosi osansa, se oli valmis nyt
ja pyhää rakennusta painavampi.

MARIÄ VERKÜNDIGUNG

Nicht daß ein Engel eintrat (das erkenn),
erschreckte sie. Sowenig andre, wenn
ein Sonnenstrahl oder der Mond bei Nacht
in ihrem Zimmer sich zu schaffen macht,
auffahren –, pflegte sie an der Gestalt,
in der ein Engel ging, sich zu entrüsten;
sie ahnte kaum, daß dieser Aufenthalt
mühsam für Engel ist. (O wenn wir wüßten,
wie rein sie war. Hat eine Hirschkuh, nicht,
die, liegend, einmal sie im Wald eräugte,
sich so in sie versehn, daß sich in ihr,
ganz ohne Paarigen, das Einhorn zeugte,
das Tier aus Licht, das reine Tier –.)
Nicht, daß er eintrat, aber daß er dicht,
der Engel, eines Jünglings Angesicht
so zu ihr neigte; daß sein Blick und der,
mit dem sie aufsah, so zusammenschlugen,
als wäre draußen plötzlich alles leer
und, was Millionen schauten, trieben, trugen,
hineingedrängt in sie: nur sie und er;
Schaun und Geschautes, Aug und Augenweide
sonst nirgends als an dieser Stelle –: sieh,
dieses erschreckt. Und sie erschraken beide.

Dann sang der Engel seine Melodie.

MARIAN ILMESTYS

Sitä ei pelästynyt, että enkeli
yllätti astumalla huoneeseensa.
Enempää ei se hämmästyttänyt
kuin kajo kuun tai päivänsäde
vuoteeseen silloin tällöin osuva.
Ei liioin hahmo valo-olennon
tyttöä saanut edes kavahtamaan
– saatikka arvaamaan, se että outo on
myös alas saapuvalle enkelille
itselleen, ja vaivalloinen kantaa.
(Voi miten puhdas tyttö oli hän,
itseensä eksynyt kuin hauras naarashirvi,
joka on itsessänsä muuntunut
valoa hohtavaksi eläimeksi,
puhtaaksi yksisarviseksi – joka paria
ei tarvitsekaan.) Ei, siis sitä ei,
että sai vieraan, yhtään säikkynyt.
Vaan että miehenkasvot enkeli
tiukasti käänsi häneen, sulki yhteen
katseiden parin, jättämättä mitään
sen reunalle. Niin kaiken häneen loi:
kaikkien silmät, kaikki pyrkimykset.
Ja että olivat vain hän ja hän,
katse ja katsottu, silmä ja perspektiivi,
eikä muuta, – se häntä säikähdytti.
Kummatkin kavahtivat silloin taaksepäin.

Ja enkeli jo laulun aloitti.

MARIÄ HEIMSUCHUNG

Noch erging sie's leicht im Anbeginne,
doch im Steigen manchmal ward sie schon
ihres wunderbaren Leibes inne, –
und dann stand sie, atmend, auf den hohn

Judenbergen. Aber nicht das Land,
ihre Fülle war um sie gebreitet;
gehend fühlte sie: man überschreitet
nie die Größe, die sie jetzt empfand.

Und es drängte sie, die Hand zu legen
auf den andern Leib, der weiter war.
Und die Frauen schwankten sich entgegen
und berührten sich Gewand und Haar.

Jede, voll von ihrem Heiligtume,
schützte sich mit der Gevatterin.
Ach der Heiland in ihr war noch Blume,
doch den Täufer in dem Schoß der Muhme
riß die Freude schon zum Hüpfen hin.

MARIAN YLLÄTYSVIERAILU

Helposti vielä lähti kotoansa
nousemaan kukkuloille Juudean.
Kuitenkin niin jo oli ruumiissansa
sisällä, että joka askelman

kohdussaan tunsi, vuorten porrasmaan.
Hänessä täyttyneenä se nyt eli
levisi, kukki, hiljaa sykähteli.
Hän eli! Mikä esti suuruuttaan!

Perillä oli aivan pakko kättä
vatsalla toisen vaimon kuljettaa.
Sylikkäin seisoivat he järkkymättä,
kantoivat taakkaa suurta, ihanaa.

Huojuivat hiukan, auki lensi tukka.
Siinä he varjelivat sisintään.
Vapahtaja – Hän oli vasta kukka.
Kastaja taasen kohtupesässään
ryhtyi jo syntymistään hyppimään.

ARGWOHN JOSEPHS

Und der Engel sprach und gab sich Müh
an dem Mann, der seine Fäuste ballte:
Aber siehst du nicht an jeder Falte,
daß sie kühl ist wie die Gottesfrüh.

Doch der andre sah ihn finster an,
murmelnd nur: Was hat sie so verwandelt?
Doch da schrie der Engel: Zimmermann,
merkst du's noch nicht, daß der Herrgott handelt?

Weil du Bretter machst, in deinem Stolze,
willst du wirklich den *zur Rede stelln,*
der bescheiden aus dem gleichen Holze
Blätter treiben macht und Knospen schwelln?

Er begriff. Und wie er jetzt die Blicke,
recht erschrocken, zu dem Engel hob,
war der fort. Da schob er seine dicke
Mütze langsam ab. Dann sang er lob.

JOOSEFIN EPÄUSKO

Kauan puhutteli enkeli
miestä, jolla tiukkaan nyrkkiin käsi
puristui. — Et huomaa kylmyyttäsi?
Toinen raskaasti vain murahti:

— Onko jokin muka muuttunut?
Silloin vieraan huuto täytti majan:
— Etkö vielä ole tajunnut,
sinä, jolla silmät rakentajan:

Herra toimii! Sinä muokkaat puuta,
samaa mitä Hänkin hoitelee
eikä vaadi siltä mitään muuta:
kasvun antaa, silmut aukaisee.

Siitä etkö tahdo mitään kuulla?
Ymmärsi. Vaan poissa enkeli
oli jo, kun Joosef säikkysuulla
ylistyslaulun hiljaa viritti.

VERKÜNDIGUNG ÜBER DEN HIRTEN

Seht auf, ihr Männer. Männer dort am Feuer,
die ihr den grenzenlosen Himmel kennt,
Sterndeuter, hierher! Seht, ich bin ein neuer
steigender Stern. Mein ganzes Wesen brennt
und strahlt so stark und ist so ungeheuer
voll Licht, daß mir das tiefe Firmament
nicht mehr genügt. Laßt meinen Glanz hinein
in euer Dasein: Oh, die dunklen Blicke,
die dunklen Herzen, nächtige Geschicke
die euch erfüllen. Hirten, wie allein
bin ich in euch. Auf einmal wird mir Raum.
Stauntet ihr nicht: der große Brotfruchtbaum
warf einen Schatten. Ja, das kam von mir.
Ihr Unerschrockenen, o wüßtet ihr,
wie jetzt auf eurem schauenden Gesichte
die Zukunft scheint. In diesem starken Lichte
wird viel geschehen. Euch vertrau ichs, denn
ihr seid verschwiegen; euch Gradgläubigen
redet hier alles. Glut und Regen spricht,
der Vögel Zug, der Wind und was ihr seid,
keins überwiegt und wächst zur Eitelkeit
sich mästend an. Ihr haltet nicht
die Dinge auf im Zwischenraum der Brust
um sie zu quälen. So wie seine Lust

TÄHTI PUHUU PAIMENILLE

Näettekö, miehet, siellä nuotiolla,
te jotka taivaanmerkit tunnette,
näettekö: minä olen aivan uusi
nouseva tähti, nousen hehkuen,
kirkastun loistoon suunnattoman suureen
taivaiden vahvuudesta karaten,
alemmas tahdon, kenttiänne kohti
valamaan kirkkauttani yöhönne.
Ottakaa vastaan, katseet sokaistuvat!
Hämärät sydämet, ne tahdon valloittaa.
Paimenet, silti olen aivan yksin
keskuudessanne – kuin koko avaruus,
kerrasta täytyn, varjon langetan,
sen joka näytti puusta tulevalta.
Hämmästyttekö? Vaan tiedä ette,
miten on kasvoillanne Tuleva,
huomisen hehku, paljon tapahtuva
on tässä ankarassa valossa.
Teihin voi luottaa: turhaa ette kerro,
ja aivan suoraan kaiken uskoen
istutte siellä. Hiillos juttelee ja sade teille,
lintujen lento, tuuli kukkulain.
Tyyniä olette, ei ylitsenne mikään
käy leijuvassa välitilassa,

durch einen Engel strömt, so treibt durch euch
das Irdische. Und wenn ein Dorngesträuch
aufflammte plötzlich, dürfte noch aus ihm
der Ewige euch rufen, Cherubim,
wenn sie geruhten neben eurer Herde
einherzuschreiten, wunderten euch nicht:
ihr stürztet euch auf euer Angesicht,
betetet an und nenntet dies die Erde.

Doch dieses war. Nun soll ein Neues sein,
von dem der Erdkreis ringender sich weitet.
Was ist ein Dörnicht uns: Gott fühlt sich ein
in einer Jungfrau Schoß. Ich bin der Schein
von ihrer Innigkeit, der euch geleitet.

vaan kaikki kasvaa maasta: pieni, tosi.
Ja niin kuin tähti-ilo enkelin
lävitse virtaa, teidät lävistää
maallinen vain. Jos leimahtaisi
palamaan piikkipensas, kerubit
viereenne toisi, ikuiseensa
kutsuisi teitä luota nuotion,
te aivan rauhaisasti painaisitte
ruohikkoon päänne: tätä maallista
syvästi kiittäisitte.

Oli näin. Vaan tästälähin onkin uusi aika
jo täällä, maiden piiri laajenee
ulompiin kehiin. Piikkipensaskin
on syli, Jumala siinä
lapsena ja neitsyenä. Hänen hellyyttään
todistan minä teille loistaen.

GEBURT CHRISTI

Hättest du der Einfalt nicht, wie sollte
dir geschehn, was jetzt die Nacht erhellt?
Sieh, der Gott, der über Völkern grollte,
macht sich mild und kommt in dir zur Welt.

Hast du dir ihn größer vorgestellt?

Was ist GröBe? Quer durch alle Maße,
die er durchstreicht, geht sein grades Los.
Selbst ein Stern hat keine solche Straße.
Siehst du, diese Könige sind groß,

und sie schleppen dir vor deinen Schoß

Schätze, die sie für die größten halten,
und du staunst vielleicht bei dieser Gift –:
aber schau in deines Tuches Falten,
wie er jetzt schon alles übertrifft.

Aller Amber, den man weit verschifft,

jeder Goldschmuck und das Luftgewürze,
das sich trübend in die Sinne streut:
alles dieses war von rascher Kürze,
und am Ende hat man es bereut.

Aber (du wirst sehen): Er erfreut.

KRISTUKSEN SYNTYMÄ

Järkeillen et sitä ymmärtäisi,
mikä tätä yötä kirkastaa.
Vihansako Hän jo hellittäisi,
kauttasi kun tulee maailmaan?

Onko suuruus jotain valtavaa?

Mitä on se? Tähtivalon voittaa
nopeudessa, halkoo kallion.
Toisenlainen suuruus kohta koittaa.
Silti kuninkaiden joukko on

pian palvomassa syliäsi,

aarteita tuo siihen ihmiskäsi,
hämmästelet lahjain antajaa.
Mutta voittaja on lähelläsi,
kätköön helmojesi nukahtaa.

Katsot kultaa kaukaa tulevaa:

kamelit kun tuovat kimallusta,
hetken aisteja se hivelee,
sitten synnyttää jo katumusta.
Mutta sylissäsi säteilee:

Siinä on Hän, siinä riemuitsee.

RAST AUF DER FLUCHT IN ÄGYPTEN

Diese, die noch eben atemlos
flohen mitten aus dem Kindermorden:
o wie waren sie unmerklich groß
über ihrer Wanderschaft geworden.

Kaum noch daß im scheuen Rückwärtsschauen
ihres Schreckens Not zergangen war,
und schon brachten sie auf ihrem grauen
Maultier ganze Städte in Gefahr;

denn so wie sie, klein im großen Land,
– fast ein Nichts – den starken Tempeln nahten,
platzten alle Götzen wie verraten
und verloren völlig den Verstand.

Ist es denkbar, daß von ihrem Gange
alles so verzweifelt sich erbost?
und sie wurden vor sich selber bange,
nur das Kind war namenlos getrost.

Immerhin, sie mußten sich darüber
eine Weile setzen. Doch da ging –
sieh: der Baum, der still sie überhing,
wie ein Dienender zu ihnen über:

er verneigte sich. Derselbe Baum,
dessen Kränze toten Pharaonen
für das Ewige die Stirnen schonen,
neigte sich. Er fühlte neue Kronen
blühen. Und sie saßen wie im Traum.

LEPO PAKOMATKALLA EGYPTIIN

Pakoon hengästyen riensivät
sitä suurta lastenmurhaa.
Tiesivätkö, äkkilähtijät,
ettei kulku ollut turhaa:

suurenivat siinä koko ajan,
pelko oli pirstaleina jo.
Muuli kantoi heidät, kantoi majan –
kaupungitkin. Väistyi ahdinko.

Mitättömiähän olivat
lähetessään mahtitemppeliä
– mutta jumalkuvat kaatuivat,
ja se pelästytti ihmisiä,

järjen ylitti, ja näytti siltä,
että kulku moinen mursi maan.
Syytä älä kysy säikkyjiltä.
Rauhan sai vain lapsi kopassaan.

Uupui aikuiset, ja hetkiseksi
täytyi heidän siihen istahtaa,
missä lehvä kaartui katokseksi.
Puulla oli halu kumartaa,

se kun kammioita faaraoiden
oli ikuisuuteen merkiten
koristanut – vaan nyt tiesi sen:
aika uusien on kruunujen,
kuninkaitten. Ja kuin unelmoiden
istui perhe alla lehvien.

VON DER HOCHZEIT ZU KANA

Konnte sie denn anders, als auf ihn
stolz sein, der ihr Schlichtestes verschönte?
War nicht selbst die hohe, großgewöhnte
Nacht wie außer sich, da er erschien?

Ging nicht auch, daß er sich einst verloren,
unerhört zu seiner Glorie aus?
Hatten nicht die Weisesten die Ohren
mit dem Mund vertauscht? Und war das Haus

nicht wie neu von seiner Stimme? Ach
sicher hatte sie zu hundert Malen
ihre Freude an ihm auszustrahlen
sich verwehrt. Sie ging ihm staunend nach.

Aber da bei jenem Hochzeitsfeste,
als es unversehns an Wein gebrach, –
sah sie hin und bat um eine Geste
und begriff nicht, daß er widersprach.

Und dann tat ers. Sie verstand es später,
wie sie ihn in seinen Weg gedrängt:
denn jetzt war er wirklich Wundertäter,
und das ganze Opfer war verhängt,

KAANAAN HÄISTÄ

Häntä ylpeänä katselit,
hiukan salaa, mutta ihannoiden,
ja kun luokse ihmisjoukkioiden
astui hän, niin miltei tärisit.

Seudulla tieto hänestä jo kulki,
hänestä köyhästä, ja maineestaan.
Ankarin oppinutkin suunsa sulki
ja korvat aukoi häntä kuulemaan.

Talo, minne saapui, vavahti,
äänellänsä kun ei ollut vertaa.
Sinä kieltänyt jo monta kertaa
olit ilosi – nyt kohosi

se hänen tullessansa juhlamajaan,
josta viini pääsi loppumaan.
Katsoit häneen niinkuin pelastajaan,
pyysit merkkiä – vaan torjuntaan

kätensä nosti. Kunnes teki sen!
Uhritiensä oli alkamassa,
sinä ihmettänsä haluten
turhamaisuudessa sokeassa

unaufhaltsam. Ja, es stand geschrieben.
Aber war es damals schon bereit?
Sie: sie hatte es herbeigetrieben
in der Blindheit ihrer Eitelkeit.

An dem Tisch voll Früchten und Gemüsen
freute sie sich mit und sah nicht ein,
daß das Wasser ihrer Tränendrüsen
Blut geworden war mit diesem Wein.

olit häntä tielle käskenyt,
sitä silloin vielä tietämättä.
Ihmeentekijä hän oli nyt.
Matka jatkui tästä vääjäämättä.

Sinä söit ja nautit pöydässäsi,
olit antimista uupunut
etkä nähnyt, että silmistäsi
oli verta hiljaa tihkunut.

VOR DER PASSION

O hast du dies gewollt, du hättest nicht
durch eines Weibes Leib entspringen dürfen:,
Heilande muß man in den Bergen schürfen,
wo man das Harte aus dem Harten bricht.

Tut dirs nicht selber leid, dein liebes Tal
so zu verwüsten? Siehe meine Schwäche;
ich habe nichts als Milch- und Tränenbäche,
und du warst immer in der Überzahl.

Mit solchem Aufwand wardst du mir verheißen.
Was tratst du nicht gleich wild aus mir hinaus?
Wenn du nur Tiger brauchst, dich zu zerreißen,
warum erzog man mich im Frauenhaus,

ein weiches reines Kleid für dich zu weben,
darin nicht einmal die geringste Spur
von Naht dich drückt –: so war mein ganzes Leben,
und jetzt verkehrst du plötzlich die Natur.

ENNEN KÄRSIMYSTÄ

Tämän jos tiesit, miksi minua
tarvitsit näille maille tullaksesi.
Rotkoinen vuori uhriluonnollesi
olisi ollut aivan sopiva.

Laaksoni jätit – saisit katua.
Sen tiesit, että kannan puroissani
maitoa vain, ja tätä itkuani.
Kumpaakin kylliksi sait haluta.

Ja sitä haluamaan taisit tänne tulla,
niin uskoin, sinua kun kasvatin.
Miksi et aiemmin jo äkkiriuhtaisulla
lähtenyt – eteen vuoritiikerin?

Pehmeitä viittojako valmistaisin
sinulle vielä – muuta osaa en.
Elämän erilaisen ottaisin, jos saisin.
Vaan sinä käänsitkin jo suunnan sen.

PIETA

Jetzt wird mein Elend voll, und namenlos
erfüllt es mich. Ich starre, wie des Steins
Inneres starrt.
Hart wie ich bin, weiß ich nur Eins:
Du wurdest groß –
...... und wurdest groß,
um als zu großer Schmerz
ganz über meines Herzens Fassung
hinauszustehn.
Jetzt liegst du quer durch meinen Schoß,
jetzt kann ich dich nicht mehr
gebären.

PIETA

Nyt se on täysi, tämä suunnaton
ja kivenkova. Kuin kiven silmä
tässä tuijotan,
kivenä tiedän: sinä suurenit –
…… ja suurenit,
tuskaksi suurenit
ja yli sydämeni
tajunnan.
Poikittain makaat siinä sylissäni,
enää en sinua voi
synnyttää.

STILLUNG MARIÄ MIT DEM AUFERSTANDENEN

Was sie damals empfanden: ist es nicht
vor allen Geheimnissen süß
und immer noch irdisch:
da er, ein wenig blaß noch vom Grab,
erleichtert zu ihr trat:
an allen Stellen erstanden.
O zu ihr zuerst. Wie waren sie da
unaussprechlich in Heilung.
Ja sie heilten, das wars. Sie hatten nicht nötig,
sich stark zu berühren.
Er legte ihr eine Sekunde
kaum seine nächstens
ewige Hand an die frauliche Schulter.
Und sie begannen
still wie die Bäume im Frühling,
unendlich zugleich,
diese Jahreszeit
ihres äußersten Umgangs.

MARIAN TYYNTYMINEN

Mitä kokivat silloin,
on herkkää salaisuutta ja silti
maallista kovin: hän oli siinä
haudanvaaleana ja kevyenä,
kuin kaikkialla olisi ilmestynyt.
Vaan heille ensin.
Hän oli parantaja. Ja hoiti
heidät. Niin hoidettuja
olivat, etteivät enää juuri liikuttuneet.
Ja tuskin huomasivat,
kun käden laski, ikuisensa,
hetkeksi hartioille,
ja silloin hiljaisina
kuin kevään puut,
ja äärtä vailla,
astuivat tähän vuodenaikaan
ja kaikkein ulommaiseen kehäänsä.

VOM TODE MARIÄ

(Drei Stücke)

I

Derselbe große Engel, welcher einst
ihr der Gebärung Botschaft niederbrachte,
stand da, abwartend daß sie ihn beachte,
und sprach: Jetzt wird es Zeit, daß du erscheinst.
Und sie erschrak wie damals und erwies
sich wieder als die Magd, ihn tief bejahend.
Er aber strahlte und, unendlich nahend,
schwand er wie in ihr Angesicht – und hieß
die weithin ausgegangenen Bekehrer
zusammenkommen in das Haus am Hang,
das Haus des Abendmahls. Sie kamen schwerer
und traten bange ein: Da lag, entlang
die schmale Bettstatt, die in Untergang
und Auserwählung rätselhaft Getauchte,
ganz unversehrt, wie eine Ungebrauchte,
und achtete auf englischen Gesang.
Nun da sie alle hinter ihren Kerzen
abwarten sah, riß sie vom Übermaß
der Stimmen sich und schenkte noch von Herzen
die beiden Kleider fort, die sie besaß,
und hob ihr Antlitz auf zu dem und dem…
(o Ursprung namenloser Tränen-Bäche).
Sie aber legte sich in ihre Schwäche
und zog die Himmel an Jerusalem
so nah heran, daß ihre Seele nur,
austretend, sich ein wenig strecken mußte:
schon hob er sie, der alles von ihr wußte,
hinein in ihre göttliche Natur.

MARIAN KUOLEMASTA

(Kolme katkelmaa)

I

Enkeli sama oli, joka toi
hänelle viestin lapsen syntymästä.
Nyt seisoi siinä odottavana
ja sitten sanoi: aika sinun on
jo ilmestyä. Säikkyi Maria
(kuin silloin), näytti jälleen neidolta
ja uskoi enkeliä. Tämä säteili
ja kohti kävi, vihdoin kadoten
kuin katseeseensa. Kutsun lähetti
työssänsä kulkeville oppilaille.
Nämä tulivat, arasti astelivat
vuorenrinnettä ehtoollistaloon.
Siellä näkivät: hän vuodepenkillänsä
makasi – koskematon, kuin aivan terve,
ja huoneen täytti laulu enkelien.
Kynttilät lepattivat miesten välissä,
ja vihdoin irti äänten paljoudesta
tempautui Maria, ja antoi vaatteensa
tutuille, lähellänsä seisoville,
ja kävi sitten jälleen pitkäkseen,
haurastuneena katsoi taivaankantta
kuin sitä likemmäksi nykien,
niin ettei matka pitkä olisi
irrota täältä jumalaisen sielun,
lähteä mukaan tutun enkelin.

II

Wer hat bedacht, daß bis zu ihrem Kommen
der viele Himmel unvollständig war?
Der Auferstandne hatte Platz genommen,
doch neben ihm, durch vierundzwanzig Jahr,
war leer der Sitz. Und sie begannen schon
sich an die reine Lücke zu gewöhnen,
die wie verheilt war, denn mit seinem schönen
Hinüberscheinen füllte sie der Sohn.

So ging auch sie, die in die Himmel trat,
nicht auf ihn zu, so sehr es sie verlangte;
dort war kein Platz, nur Er *war dort und prangte*
mit einer Strahlung, die ihr wehe tat.
Doch da sie jetzt, die rührende Gestalt,
sich zu den neuen Seligen gesellte
und unauffällig, licht zu licht, sich stellte,
da brach aus ihrem Sein ein Hinterhalt
von solchem Glanz, daß der von ihr erhellte
Engel geblendet aufschrie: Wer ist die?
Ein Staunen war. Dann sahn sie alle wie
Gott-Vater oben unsern Herrn verhielt,
so daß, von milder Dämmerung umspielt,
die leere Stelle wie ein wenig Leid
sich zeigte, eine Spur von Einsamkeit,
wie etwas, was er noch ertrug, ein Rest
irdischer Zeit, ein trockenes Gebrest –.
Man sah nach ihr; sie schaute ängstlich hin,
weit vorgeneigt, als fühlte sie: ich bin
sein längster Schmerz –: und stürzte plötzlich vor.
Die Engel aber nahmen sie zu sich
und stützten sie und sangen seliglich
und trugen sie das letzte Stück empor.

II

Sen tiesittekö, että siihen asti,
kun saapui hän, ei taivas ollut täysi...
Paikkansa Poika oli ottanut,
vaan pitkään vieressänsä tyhjä tuoli
kuin puhdas aukko oli hohtanut,
haavana sitten hiljaa parantunut,
ja siihen tottuneet jo olivat
taivaiset joukot. Kirkas oli se,
Pojankin istuinta sen loisto täytti.

Niin vaikka kaipasikin, heti sinne
ei käynyt äskentullut Maria.
Näytti, kuin hänellä ei lainkaan paikkaa
olisi ollut: Oli poika vain,
ja kivun hehku. Siellä kulki hän
arasti kanssa muiden autuaitten,
hän, valo valossa, ja vihdoin mikään
ei himmentänyt hänen hohtoaan.
Enkeli huusi: Kuka tämä on?
Ja häikäistyivät, sitten näkivät
kuinka vain varovasti Jumalansa
läikkyä antoi pienen hämärän,
himmeän surun, ettei säikkyisi
Hän tyhjää paikkaa, vaan kuin aran muiston
yksinäisyydestä vain tuntisi
ja kärsimyksen, kokoon kuivuneen.
Katsoivat hämmästyen naisen perään,
takaisin katsoi hän ja kumartui
eteenpäin tuskissansa, niin kuin sanoisi:
minä se olen, hänen tuskansa, se
pisin. Sitten äkkiä
eteenpäin kaatui, mutta enkelit
ottivat hänet lempeästi vastaan
ja veivät loppumatkan hiljaa laulaen.

III

Doch vor dem Apostel Thomas, der
kam, da es zu spät war, trat der schnelle
längst darauf gefaßte Engel her
und befahl an der Begräbnisstelle:

Dräng den Stein beiseite. Willst du wissen,
wo die ist, die dir das Herz bewegt:
Sieh: sie ward wie ein Lavendelkissen
eine Weile da hineingelegt,

daß die Erde künftig nach ihr rieche
in den Falten wie ein feines Tuch.
Alles Tote (fühlst du), alles Sieche
ist betäubt von ihrem Wohl-Geruch.

Schau den Leinwand: wo ist eine Bleiche,
wo er blendend wird und geht nicht ein?
Dieses Licht aus dieser reinen Leiche
war ihm klärender als Sonnenschein.

Staunst du nicht, wie sanft sie ihm entging?
Fast als wär sie's noch, nichts ist verschoben.
Doch die Himmel sind erschüttert oben:
Mann, knie hin und sieh mir nach und sing.

III

Myöhässä oli Tuomas-apostoli
ja saapui vasta sitten haudalle,
kun kiven luona enkeli jo oli
ja käski häntä: työnnä syrjään se

painava paasi! Tietää tahdotko,
että hän muuttunut on kevyeksi
tuoksujen pilveksi, ja kammio
ahtaaksi käynyt, liian kiviseksi.

Maalle nyt laventelituoksuansa
poimuista kääriliinojensa hän
jakaa, on yökin hänen kastamansa
ja kuolema. Hän voittaa pimeän.

Missään ei paremmaksi saata pestä
pellavaa – hohdon saa se kotelo
ruumiista puhtaasta, sen heleydestä,
joka on kirkkaampi kuin aurinko.

Ja kuinka erkani hän varovasti.
Vain taivaankaari hiljaa vavahti.
Polvistu, mies, ja katso tänne asti:
aika on tullut sinun laulusi.

Jumalanäidin kuolonuneen nukkuminen, *Das Entschlafen der Mutter Gottes*

“Elämää naisellisena ihmisenä”
– Rilken Maria-kertomus ja myytin kääntöpuoli

Vuonna 1913 ilmestynyt *Das Marien-Leben** on Rainer Maria Rilken runoteoksista vähiten tunnettuja. Syrjäytymiseen voi etsiä syitä. Rodin-vaikutteisten, ankaran muotokurin lujittamien “esinerunojen” kokoelmat *Neue Gedichte I* ja *II* olivat ilmestyneet 1907 ja 1908 ja merkinneet yhden tärkeän luomiskauden huipentumaa. Omaelämäkerrallinen romaani *Die Aufzeichnungen des Malte Laurids Brigge* (1910), *Malte Laurids Briggen muistiinpanot* (1984 suom. Sinikka Kallio) oli sysännyt jälkimainingeissaan liikkeelle synkänsävyisten itsetilityskirjeiden sarjan, jossa Rilke (enimmäkseen Lou Andreas-Salomélle) analysoi depressiotaan, Malten kohtalon yhdistymistä omaansa, ja torjui reippain sanoin hänelle tarjotun psykoanalyysin. Hänen lyyrinen ilmaisunsa oli ajautumassa kriisiin. Kriisin keskellä – ja sittemmin sen voittamisryöpyssä – syntyivät Duinon elegiat 1912-1922. Ne ovat niin useimpien tutkijain kuin Rilken itsensäkin mielestä pääteos, hänen sydämensä “ehkä puhtain ja suurin työ”.

Maininnat *Das Marien-Leben* -teoksesta kapenevat Rilkekirjallisuudessa ja hänen omassa kirjeenvaihdossaan parin pikkupalstan mittaisiksi. Kriittisin tuota suppeahkoa sarjaa kohtaan lienee Rilke itse, joka leimaa sen “epäonnistuneeksi luonnokseksi”, “toisen tai kolmannen käden” työksi. Jotkut biografit myöntävät sen olevan “pieni mylly”, joka saa voimaa jättivirrasta, Duinon elegioiden alkuoireiluista.

Nykytermein voisi sanoa, että *Das Marien-Leben* on alkuaan tilaustyö, eräänlaista käyttökirjallisuutta, jopa terapiaa. Se on

---

* Teoksessa on vanhalla kreikalla kirjoitettu kolmen sanan motto: *Zalen endoden ekhon*. Se tarkoittaa “sisältä purskahtamista”. (Suom. Sirkka Saksa.)

myös taiteiden välissä: ensi painos on kuvitettu, ja Rilken kokoelmista se on ainoa kokonaan sävelletty (Paul Hindemithin laulusarja 1923).

Vuoden 1912 tammikuussa Rilke viettää toista kauttaan Duinon linnassa, Marie von Thurn und Taxisilta saamassaan kirjoituskodissa Adrian rantajyrkänteellä. Oleskelu kestää toukokuuhun, ja sen kuuluisimman sadon tunnemme Ensimmäisenä ja Toisena elegiana. Joulun ja alkuvuoden Rilke kirjoittaa enimmäkseen kirjeitä. Niihin mahtuu pieni keskustelu kuvataiteilija Heinrich Vogelerin kanssa. Rilke oli jo Worpswedenin taiteilijayhteisössä asuessaan (1900) kuullut tältä ehdotuksen, että hänen erääseen vieraskirjaan sepittämänsä Maria-aiheiset runot julkaistaisiin kuvitettuna kirjana ja kuvat olisivat Vogelerin. Mutta kun tämän ja Rilken tiet olivat sittemmin käyneet eri suuntiin, ehdotus unohtui. Nyt, vuoden 1912 alkaessa, Rilke tarttuu siihen, osin kunnioituksesta taiteilijaa kohtaan, osin kokeillakseen, miten näin ikään kuin väkisin viritetty luova työ auttaisi häntä saamaan taas elämänhalun.

Niin Rilke alkaa täydentää tuolloisia luonnoksiaan, saa kuvat nähdäkseen ja kirjoittaa niiden pohjalla alkuaan kolmenkymmenen runon kokonaisuuden, joka on naisen kannalta nähty kertomus pyhän äidin elämästä. Se alkaa syntymästä ja päättyy kuolemaan, Marian taivaaseenastumiseen. Mutta kerronnassa on ulkopuolisen tarkkaajan näkökulma, joka tuo mukanaan Rilkelle muuten harvinaista huumoria. Kertoja näkee niin taivaan tapahtumiin kuin maan väkeen, lopuksi jopa epäilevään Tuomakseen. Ehkä tästä syystä jokunen tutkija sanoo Maria-runoja kristillisen kertomuksen parodiaksi.

Duinon-tammikuussaan Rilke jättää pian Maria-runonsa – ne syntyvät parissa päivässä. Mutta luomisaalto on herätelty, kivun selkäranka taitettu. Ja sitten eräänä aurinkoisena aamuna loppukuulla, astellessaan rantajyrkänteen polkua katsomaan meren sinisyyttä, hän kuulee tuulen ärjynnästä elegiasarjansa alkusäkeen, jonka heti kirjoittaa muistiin. "Wer, wenn ich schriee, hörte mich denn aus der Engel Ordnungen?" ("Mutta jos huutaisin, järjestelmissä enkelien kuka kuulee?" (Suomeksi tulkinnut Aila Meriluoto.)

Enkeli on *Das Marien-Leben* -sarjassakin tärkeä hahmo. Mutta verrata häntä elegioiden "kauheaan" olemisen täydellistymään, metafyysisen prinsiipin edustajaan, on vähän, kuin katselisi ruohoa ja taivaan tähtimerta rinnakkain. Tarkemmin ajatellen ei rinnastus ehkä onnukaan: Maria-sarjassa Rilke "maattaa", "pudottaa" inhimilliseen tasoon, taivaiden kansoittajat – mutta on elegioissakin ruohonjuurensa: nukkeen, köyteen, ruukkuun ja muihin esineisiin upottuva metafysiikka; olemisen ilmentymää on kaikki tyynni, rajoja vetämättä.

Sävyissä on eronsa: siinä missä elegiat pauhaavat lähes mahtipontisen korkeatyylisinä, hyrisee Maria-sarja pientä pehmeää ironiaa ja antaa kertojan leikitellä taivaanvahvuuksien ja maisten polkujen välillä. Jeesuksen istuimen luota kirvesmies Joosefin taloon, paimenten nuotiolle ja hautakallioihin käy sen kulkutie. Se eläytyy niin Betlehemin tähden kuin Elisabetin tai ylösnousseen ensimmäisten todistajien näkökulmaan. Päähenkilö Maria on sille ennen muuta nainen: ruumiinsa muutoksia ihmettelevä, kuuliaisuuden ja oman tahdon välillä kamppaileva, miehenhahmoista enkeliä säikähtävä ja pojan uhrikuolemaa uhmaavaa neitsyt, vaimo ja äiti, jonka tuntoihin kuka tahansa nainen – etäytyksestä huolimatta – voi samaistua.

Rilke riisuu myytin Maria-palvonnan kultauksista ja antaa päähenkilölleen myös koomisia, jopa groteskeja piirteitä. Naisen itsetunnon heilahtelut korostuvat pojan ihmeteon kuvauksessa, ja tämän vapaaehtoinen uhrikuolema tekee "tyhjäksi" äidin maitolaakson. Miksi et mennyt oitis vuorille tiikerien revittäväksi, äiti tuskittelee. Hänen elämänsä näyttää turhalta. Pieta-kuvassa hän jää miltei pojan alle, mies on voittanut – mies ja hänen taivaallinen käskynhaltijansa. Makaat poikittain sylissäni, en voi sinua enää synnyttää, murehtii äiti.

Eikä edes taivaaseenastuminen ole kovin juhlallista. Tuttu enkeli tulee taas käymään, noteeraa Marian naisena (vielä nuorenakin), kutsuu opetuslapset hänen jäähyväisjuhlilleen ehtoollistaloon – ja kas, heille hän saakin olla jo varsin suuri äiti, keskipiste. Nöyryys ja kainous on tallella, vaikka nainen on elämän koettelemuksissa löytänyt itsenäisyyden ja uskaltanut jopa protestoida. Hän on nyt entistä selvemmin liminaalihahmo, taivaan ja maan valtakuntien välissä. Sen että kerronnan sävyä hallitsee kuitenkin ihmisen perspektiivi, Rilke näyttää pienellä, hivenen koomisella yksityiskohdalla: kuoleva Maria nyhtää Jerusalemin taivasta ikään kuin lähemmäksi ja tutummaksi, niin että nouseminen olisi helpompaa.

Kovin vaivatonta se ei kuitenkaan lopulta ole, kun poikaa ei taivaasta heti löydy – mutta löytyy Valo, ja sitä tulokas itsekin alkaa vihdoin säteillä niin, että muut, jopa enkelit, pelästyvät. Pojan vieressä on tyhjä tila, mutta se on jo parantunut arveksi, ja kestää aikansa, ennenkuin äiti arvaa käydä siihen. Tuo aukko on kärsimystä himmentävä – inhimillistävä – mutta yhtä kaikki valoa hohtava haava: tyhjiö, joka saa muissakin Rilken teoksissa usein metafyysistä merkitystä. Yksi tuon paikan ilmentymä on naisen kohtu: luova sisätila, josta myös elegioissa puhutaan. Etenkin Kahdeksannessa elegiassa keskiöön nousee "pieni eläin", jolle kohtu merkitsee kaikkea, myös avaruutta. Rilke kirjoittaa Lou Andreas Salomélle 20.2.1918, ettei voi olla ihailematta "niiden [pienten olioiden] kykyä elää kuin äitinsä kohtuna tätä koko avaraa, villin-vapaata tilaa". Lopuksi hän viittaa runoonsa Elisabetin ja Marian kohtaamisesta: "-- nehän suorastaan hyppivät ilosta kohdussaan, kuten pieni Johannes teki. Sama tila on nimittäin vanginnut ne sisäänsä ja päästänyt ulos." (Suom. L.E.) Kohtu on Rilkelle mikro- ja makrokosmoksen, pysyvyyden ja muutoksen yhdistäjä. Aukon ja suljetun sisätilan raja käy häilyväksi; aukko synnyttää. Toisaalta se voi olla myös järkyttävän tyhjä, kaikkensa menettänyt.

Kristillisessä symboliikassa aukkoa edustaa usein tyhjä hauta, kuoleman ja ylösnousemuksen kaksoiskuva. Kivi haudan suulla voi olla ennakkoluulo, Tuomaan-epäily, yhtä hyvin kuin liian mykistävä tapa tulkita myytti. Näihinkin aspekteihin viitataan

Maria-runoelmassa, niissä kohdin, kun hautaholvien kiviä vieritetään pois. Marian ruumis on omavaloinen, käärinliinatkin valkaiseva; se rikkoo rajakivet ja murtaa kynnykset, joita pystytämme elämän ja kuoleman välille. Murtamisvoiman inhimillisyyden ja jumalisuuden runoelma jättää avoimeksi: molemmat ovat mahdollisia – vaikkei kumpainenkaan yksinään.

Marian elämä on paljolti puutteen, tyhjentymisen ja jälleentäyttymisen kertomista. Naiskehon biologia on tuon teeman yksi taso. Toinen on mielen pettyminen ja uusi vahvistuminen. Kolmannesta voi puhua metafyysisen haavan kuvalla: "taivas" on epätäydellinen ilman sitä tulokasta, joka on elänyt uhrihistorian omassa ruumiissaan, sen taivaista kytkentää täysin tajuamatta. Onko sukupuolilla taivaan valtakunnassa merkitystä? Tämä jääköön teologien kiistaksi. Yhtä kaikki se, että äidin paikka pojan vieressä hohtaa tyhjyyttään – kirjaimellisesti hohtaa! – houkuttaa lukemaan vihjeitä siitä, miten kärsimyshistorian tulkinnoissa on ehkä liikaa korostunut sankari, joka on mies. Milloin on juhlittu äitien hiljaista kärsimystä? Myös muiden ristiinnaulittujen, muiden vapaaehtoisuhrien äitien. Siskojen. Vaimojen. Ystävättärien.

Rilken kuudennessa, ns. sankari-elegiassa, on kohtia, joiden sisältö sopii yhteen Maria-runojen kanssa ja joissa viitataan myös äitien kärsimykseen: "-- oudon liki on sankari nuorina kuolleita. Kesto/ ei hänelle kuulu. Ei, vaan lähteminen: alituiseen hän nousee ja astuu jatkuvaan vaaraan/ muuttuvaan tähtikuvioon, harvojen ulottuville." Ja: "Jo sinussa, äiti, hän sankari oli, jo alkoi/ siellä, sinussa, ylpeän valintansa./ Tuhat myllersi kohdussa, tahtoen häneksi tulla,/ vaan katso: hän tarttui ja päästi – valitsi, pystyi./ Jos pylväitä kaatoi hän, toki silloin kun työntyi/ sinun ruumiisi maailmasta ahtaampaan,/ jossa hän yhä valitsi, pystyi. Oi sankarten äidit,/ oi virtojen alku! Te rotkot joihin/ korkean sydämen reunalta vaikertaen/ tytöt jo suistuneet ovat, poikien tulevat uhrit." (Suom. Aila Meriluoto.) Tällainen näkemys tuo uuden sävyn tulkintoihimme sankaritarinoista. Kun Maria-runoissa näkökulma on miltei kokonaan naisen, joku voi sanoa kertojan siirtyneen sivullisen perspektiiviin. Kuitenkin sankaritaru on aina myös tarinaa sankarien, noiden vaaraan astujien, läheisistä, joiden kärsimyshistoria on liki sama – vain sillä erolla, etteivät he saa laakereita tai uhrinkruunuja. Rilke sulauttaa pää- ja sivuhenkilön väliin perinteisesti vedetyn rajan. Hänen kertomuksessaan Poika onkin sivussa, – ja juuri tämä valinta langettaa Hänenkin tarinaansa uuden valon.

Myös teoksissa *Das Buch der Bilder (Kuvien kirja)* ja *Neue Gedichte (Uusia runoja) I* ja *II* on runoja, joissa Poika on selvästi päähenkilönä, uhritarinan subjektina, muuan näistä uustestamentillisista runoista on *Ehtoollinen*, yksin jäämisen avartumisen kuva:

He kokoontuivat, kummastellen miestä,
joka kuin hallitsija kutsui tulemaan,
ja silti tiesi: kantaa orjan iestä,
omansa jättää, tuntemattomaan
käy yksin. Öljymäellä jää
orvoksi, oppilaiden piirittämä,
ja Getsemanessa myös joukko tämä
läheinen poistuu, pelkää pimeää.

Hän tiesi sen. Ja siksi aterian
valmisti heille. Joka pakenijan
pöytäänsä istutti, soi juhlasijan.
Ja mursi leivän. Sitä säikähtää
ottava käsi, niin kuin ruoskan alle
joutuisi eläin. Mutta Hän vain jää
pimeään, pakokauhuun – kaikkialle.

(*Das Buch der Bilder*, runosuom. L.E.)

Runon äärellä voisi tehdä ajatuskokeen ja sijoittaa Jeesuksen paikalle Marian. "Joukko läheinenhän" poistuu häneltäkin, tosin ei Getsemanessa, vaan jo aikaisemmin, siinä vaiheessa kun ihmeteot alkavat. "Joukko" on osa omaa ruumista, sen lapsi. Mutta siihen avartumiseen, johon Poika runon lopussa yltää, lopulta yltää Mariakin.

Inhimillisen pakokauhun tarina paikantuu myyttiin. Rilken runojen kertojanääni vihjaa sen ajattomuuteen: menneen ja tulevan perspektiivit voivat vaihtaa paikkaa. Kaiken aikaa runoelmassa "tiedetään jo": pian tulee tapahtumaan, tämähän oli jo ennustettu, näin piti käydäkin. Tällainen aika on todella kaiken aikaa: kelloin ja janoin mitatun jaksottelun ja kronologian ylittävää.

Myytin kertomus jäsentyy tavallisesti huippukohdin: niitä lähestytään alkuasetelmien jännitteillä, niihin tähdätään kliimakseilla, niissä taittuu tarina: peripetia muuttaa suunnan. Tässä mielessä Rilken Maria-runoista ei muodostu mallikertomusta, ei ainakaan aristotelisen kaavan mukaista. Rilke fokustaa moniin marginaalisiin kohtiin, joista evankelistat ja Maria-legendat vaikenevat. Mitä kokeekaan paimenlauma nuotiollaan? Mitä tuntee Johannes Kastajan äiti vatsassaan? Missä levähdetään, kun paetaan Egyptiin? Mikä edeltää Kaanaan ihmetyötä? Mihin uuteen syntyvät ylösnousseen haudalla toisensa tapaavat naiset? Nämä reunakertomukset Rilke valottaa taivaallisen ja maallisen, myyttisen ja inhimillisen kaksoissalamalla, joka saa Marian Enkelin näyttämään paljon helpommin lähestyttävältä, kuin on elegiain metafyysinen hahmo, joka "jos huutaisin", tuskin kuulee. Osin kohtaaminen on jopa monitasoisempi, dialogisempi kuin elegioissa.

Tyhjän tilan lisäksi Maria-sarja kertaa laulamisen, ylistämisen motiivia. Sekin huipentuu sitten elegioissa ja Orfeussoneteissa "maan" ylistämisen juhlaan. Muutamien Mariarunojen lopussa tuo enkellaulu täyttää alkuun hieman päälleliimatunkin tuntuista epilogin paikkaa. Alkurunossa taivaan joukot pidättävät vielä lauluaan. Ne ovat välittäjiä: viestinviejiä runojen maailmassa, mutta myös sen (myytin, Rilken kertojan luoman tarinan) edelleen kertojia, kuulijaan viittaajia: laula, ylistä, kerro sinäkin, luo tästä oma muunnos, kuten Tuomas haudalla, anna jatkumon kulkea, kuten (sanoo suomalaislukija) kalevalaisessa laulannassa. Rilken sankaritarina rikkoo perinteisen sankaritarun kaavaa ja "pyhyyttä", mutta juuri säröihinsä se jättää kasvunvaran, niin että jossain kohdun tai muun onkalon pimeässä jokin vielä mitättömän-oloinen, jokin "kukka" saa liikkumatilan.

En sanoisi Rilken Maria-sarjaa myytin parodiaksi. Mutta sen lempeän-ironinen inhimillistäjä se on ja asettuu sellaisena monien Thomas Mannin tai Michel Tournierin romaanien rinnalle, perinteisen ja modernin kirjallisuuden rajamaille. Rilken omassa tuotannossakaan sen asema ei ole niin periferinen, kuin tähänastisten tutkimusten valossa paljolti näyttää. Yhtymäkohdat elegioihin ovat kiintoisia. Myös Rilken massiivisesta kirjeenvaihdosta voi löytää "Maria-paralleeleja", Rilkehän oli kautta kirjeidensä rakkauden konventionaalien muotojen kyseenalaistaja, joka osasi asettua myös naisen asemaan. "On vielä koittava päivä", hän profetoi Franz Xaver Kappusille kirjeessään jo 1904, "jolloin naisena oleminen on jotain muuta kuin miehenä olemisen vastakohta. Se on silloin itsessään tärkeää, rajoittamatonta ja täydellistä, kokonaista olemista, – elämää naisellisena ihmisenä." (Suom. L.E.)

Runosarja julkaistaan kaksikielisenä, koska suomennos – oli se mitallinen tai vapaarytminen – menettää aina jotain. Olen päätynyt riimikäännöksiin niissä runoissa, joiden säkeistöjako on tasainen. Muissa olen pyrkinyt säilyttämään peruspoljennon, mutta luopunut sointurakenteista, jotka Rilkellä ovat lähes virtuoosisia ja, useimmiten yksitavuisina, suomeen hankalasti kääntyviä. Runossa Kaanaan häistä olen joutunut valitsemaan puhuttelumuodon, koska alkutekstin toistuvia *er*- ja *sie*-pronomineja olisi ollut mahdoton kääntää yhdellä *hän*-sanalla.

Yksi osoitus siitä, miten mahdotonta sanatarkkuus on Rilkekäännöksissä, on teoksen nimi. *Das Marien-Leben (Marienleben,* nimen saksalainen oikeinkirjoitus on horjuvaa) olisi kirjaimellisesti *Maria-elämä* tahi *mariamainen elämä,* elämä josta nämä runot näyttävät yhden esimerkin. Suomen kielessä tuo ilmaus olisi kuitenkin varsin outo. Tyytykäämme siis puhumaan Marian elämästä – kuten minun tai sinun.

Kiitän käsikirjoitusluonnoksen lukeneita Tuula Hökkää ja Seija Viitaniemeä, jotka ovat sanoneet kommenttinsa.

Liisa Enwald

“Der weibliche Mensch”
– Rilkes Marienerzählung und die Kehrseite des Mythos

Das 1913 erschienene Werk *Das Marien-Leben** ist unter den Dichtungen Rainer Maria Rilkes eine der unbekanntesten. Man mag nach den Gründen suchen, die diesen Band in den Hintergrund treten ließen. Die Sammlungen *Neue Gedichte I* und *II* mit ihren von Rodin beeinflußten, durch strenge Formgebundenheit gestrafften “Dinggedichten” waren 1907 und 1908 erschienen; sie markierten den Höhepunkt einer wichtigen Schaffensperiode. Der autobiographische Roman *Die Aufzeichnungen des Malte Laurids Brigge* (1910; finnisch *Malte Laurids Briggen muistiinpanot* 1984, übers. v. Sinikka Kallio) hatte den Anstoß zu einer Reihe düsterer Briefe gegeben, in denen Rilke Rechenschaft über sein Leben ablegte. In den (meist an Lou Andreas-Salomé gerichteten) Briefen analysierte Rilke seine Depression sowie die Verknüpfung von Maltes Schicksal mit seinem eigenen und lehnte die ihm angebotene Psychoanalyse mit forschen Worten ab. Seine lyrische Ausdruckskraft geriet in eine Krise. Inmitten der Krise – und letzten Endes in ihrer sturmhaften Überwindung – enstanden 1912–1922 die Duineser Elegien. Sie sind nach Ansicht der meisten Rilkeforscher sowie nach Rilkes eigenem Urteil sein Hauptwerk, das “vielleicht reinste und größte Werk” seines Herzens.

Das Marien-Leben wird in der Rilkeforschung und in seinem eigenen Briefwechsel nur mit wenigen Worten erwähnt. Der schärfste Kritiker des schmalen Bändchens war wohl Rilke selbst, der es als “mißlungenen Entwurf”, als Arbeit “von zwei-

* Dem Werk stehen drei altgriechische Worte als Motto voran, *zalen endoden ekhon,* deren Bedeutung (nach der finnischen Interpretation von Sirkka Saksa) mit *“aus dem Innern hervorbrechen”* wiederzugeben ist.

ter oder dritter Hand" charakterisierte. Einige Biographen sind zu dem Zugeständnis bereit, der Band sei eine "kleine Mühle", die von einem mächtigen Strom, den Vorboten der Duineser Elegien, angetrieben werde.

Wollte man heute übliche Begriffe verwenden, so könnte man sagen, daß *Das Marien-Leben* ursprünglich eine Auftragsarbeit war, eine Art Gebrauchsliteratur, sogar Therapie. Es handelt sich ferner um ein Werk, das auch die Nachbarkünste anspricht: Die erste Auflage ist illustriert, und das Bändchen ist die einzige vollständig vertonte Sammlung Rilkes (Liederzyklus von Paul Hindemith 1923).

Im Januar 1912 hält sich Rilke zum zweiten Mal in Duino auf, dem an einem Steilufer über der Adria gelegenen Schloß, das ihm Marie von Thurn und Taxis zum Schreiben zur Verfügung gestellt hat. Die berühmtesten Früchte dieses Aufenthalts, der bis zum Mai dauert, kennen wir als Erste und Zweite Elegie. Im Dezember 1911 und in den ersten Wochen des neuen Jahres schreibt Rilke vornehmlich Briefe. Unter anderem korrespondiert er mit dem Maler Heinrich Vogeler. Als Rilke im Jahr 1900 in der Künstlerkolonie Worpswede lebte, hatte ihm Vogeler vorgeschlagen, die Mariengedichte, die er für ein Gästebuch verfaßt hatte, in Buchform zu veröffentlichen; Vogeler wollte die Illustrationen beisteuern. Als sich später jedoch beider Wege trennten, geriet der Vorschlag in Vergessenheit. Nun, Anfang 1912, greift Rilke die Angelegenheit auf, teils aus Hochachtung vor dem Künstler, teils um herauszufinden, ob eine gewissermaßen erzwungene kreative Tätigkeit seine Lebensfreude wiederherstellen kann.

So beginnt Rilke, seine damaligen Entwürfe zu ergänzen; er bekommt die Zeichnungen Vogelers zur Ansicht und schreibt, von ihnen ausgehend, einen Zyklus von anfangs dreißig Gedichten, in denen das Leben der Muttergottes aus weiblicher Sicht dargestellt wird. Der Zyklus beginnt mit der Geburt und endet mit dem Tod, mit Mariä Himmelfahrt. In der Erzählung ist jedoch der Blick eines außenstehenden Beobachters erkennbar, aus dem ein bei Rilke sonst seltener Humor erwächst. Der Erzähler hat Einsicht in die himmlischen Ereignisse und die irdischen Beteiligten, schließlich sogar in den ungläubigen Thomas. Wohl deshalb meint ein Rilkeforscher, die Mariengedichte seien eine Parodie auf die christliche Heilsgeschichte.

In jenem Januar in Duino läßt Rilke die Mariengedichte rasch hinter sich – sie entstehen innerhalb weniger Tage. Aber der schöpferische Drang ist geweckt, der übermächtige Schmerz bezwungen. Und schließlich, an einem sonnigen Morgen Ende Januar, als er vom Uferpfad aus das blaue Meer betrachtet, hört Rilke im tosenden Wind den ersten Vers seiner Elegien, den er sofort niederschreibt. "Wer, wenn ich schriee, hörte mich denn aus der Engel Ordnungen?"

Auch im Zyklus *Das Marien-Leben* ist der Engel eine wichtige Gestalt. Ihn jedoch mit der "schrecklichen" Perfektion des Seins, mit dem Vertreter des metaphysischen Prinzips in den Elegien zu vergleichen, ist fast so, als betrachte man das Gras und die Sterne am Himmel nebeneinander. Bei genauerem Nachdenken hinkt der Vergleich vielleicht nicht einmal: Im Marien-Zyklus "erdet" Rilke die himmlischen Heerscharen, holt sie herunter auf menschliches Niveau – aber auch die Elegien haben eine "niedere" Ebene: die in eine Puppe, ein Seil, einen Krug und andere Dinge eingebettete Metaphysik; alles ist Ausdruck des Seins, ohne Abgrenzungen.

Unterschiedlich sind die Nuancen: wo die Elegien mit nahezu hochtrabendem Pathos daherkommen, umgibt sich der Marien-Zyklus mit leiser, sanfter Ironie und läßt den Erzähler spielerisch zwischen himmlischen Sphären und irdischen Pfaden hin und her wechseln. Von Jesu Thron ins Haus des Zimmermanns Josef, ans Lagerfeuer der Hirten und zu den Grabfelsen führt sein Weg. Er versetzt sich in die Perspektive des Sterns von Bethlehem ebenso wie in die der Elisabeth oder der ersten Zeugen des Auferstandenen. Die Hauptgestalt Maria erscheint in erster Linie als Frau: eine über die Veränderung ihres Körpers verwunderte, zwischen Gehorsam und eigenem Willen schwankende, vor der männlichen Gestalt des Engels zurückschreckende, gegen den Opfertod des Sohnes rebellierende Jungfrau, Ehegattin und Mutter, mit deren Gefühlen sich jede Frau – trotz der Distanzierung – zu identifizieren vermag.

Rilke befreit den Mythos vom schmückenden Beiwerk des Marienkults und gibt seiner Hauptfigur hier und da auch komische, sogar groteske Züge. Die Schwankungen des weiblichen Selbstgefühls treten in der Schilderung der Wundertat des Sohnes hervor, und durch dessen freiwilligen Opfertod werden die Milchbäche der Mutter "leer". Warum hast du dich nicht gleich in den Bergen von den Tigern zerreißen lassen, jammert die Mutter. Ihr Leben scheint sinnlos. In der von Rilke "geschnitzten" Pieta wird sie fast vom Sohn erdrückt; der Mann hat gesiegt – der Mann und sein himmlischer Statthalter. "Jetzt liegst du quer durch meinen Schooß,/ jetzt kann ich dich nicht mehr/ gebären", klagt die Mutter.

Nicht einmal die Himmelfahrt ist besonders feierlich. Der schon bekannte Engel stellt sich wieder ein, nimmt Maria als (noch junge) Frau wahr, lädt die Jünger zum Abschiedsfest in das Abendmahlshaus ein – und siehe da, für die Jünger ist sie nun schon die bedeutende Mutter und steht im Mittelpunkt. Demut und Scheu sind noch da, obwohl die Frau in schwierigen Lebenssituationen Selbständigkeit gewonnen und sogar zu protestieren gewagt hat. Sie ist nun deutlicher als zuvor eine Liminalgestalt, zwischen der himmlischen und der irdischen Welt. Daß der Ton der Erzählung dennoch weiterhin von der menschlichen Perspektive geprägt wird, zeigt Rilke mit einem kleinen, ein wenig komischen Detail: die sterbende Maria zupft den Himmel über Jerusalem gewissermaßen näher zu sich heran, um sich den Aufstieg zu erleichtern.

Ganz mühelos geht der Aufstieg letztlich jedoch nicht vonstatten, denn der Sohn ist im Himmel nicht gleich zu finden – dafür aber findet sich das Licht. Licht beginnt der Neuankömmling schließlich selbst auszustrahlen, daß die anderen, sogar die Engel, sich fürchten. Neben dem Sohn ist eine leere

Stelle, doch sie ist bereits vernarbt, und es dauert lange, bis die Mutter es wagt, sich dort niederzulassen. Diese Lücke ist eine die Passion verdunkelnde – vermenschlichende –, gleichzeitig jedoch leuchtende Wunde: ein Vakuum, das auch in anderen Werken Rilkes oft metaphysische Bedeutung erhält. Eine Erscheinungsform dieses Raums ist die Gebärmutter: ein schöpferischer Innenraum, von dem auch in den Elegien die Rede ist. Vor allem in der Achten Elegie tritt die "kleine Kreatur" in den Mittelpunkt, der der Schoß alles bedeutet, auch Weite. Rilke schreibt am 20.2.1918 an Lou Andreas-Salomé, er könne nicht umhin, die Fähigkeit dieses [kleinen Wesens] zu bewundern, diese ganze weite, erregbare Freie wie den Mutterleib zu erleben. Zum Schluß verweist er auf sein Gedicht über die Begegnung zwischen Elisabeth und Maria. Der mütterliche Schoß verbindet für Rilke Mikro- und Makrokosmos, Beständigkeit und Wandel. Die Grenze zwischen Öffnung und geschlossenem Innenraum verwischt sich; die Öffnung gebärt. Andererseits kann sie auch erschütternd leer sein, alles verloren haben.

In der christlichen Symbolik steht die Öffnung oft für das leere Grab, für das Doppelbild von Tod und Auferstehung. Der Stein vor dem Grab kann ein Vorurteil sein, ein Zweifel wie der des Thomas, ebenso aber auch eine zu starke, überwältigende Interpretation des Mythos. Auch auf diese Aspekte wird in der Mariendichtung hingewiesen, an der Stelle, wo die Steine vor den Grabgewölben beiseite gerollt werden. Marias Leiche ist selbstleuchtend und bleicht selbst die Leichentücher; sie zerbricht die Grenzsteine und überwindet die Schwellen, die wir zwischen Leben und Tod errichten. Die Frage nach der Menschlichkeit und Göttlichkeit dieser Sprengkraft läßt die Dichtung offen: beide sind möglich – jedoch keine von beiden für sich allein.

Das Marien-Leben ist weitgehend eine Darstellung des Mangels, des Leerwerdens und der erneuten Erfüllung. Die Biologie des weiblichen Körpers ist eine Ebene dieses Themas. Eine zweite ist die Enttäuschung und Kräftigung des Geistes.

Von der dritten Ebene kann man mit dem Bild der metaphysischen Wunde sprechen: der "Himmel" ist unvollkommen ohne die Ankommende, die die Passionsgeschichte in ihrem eigenen Körper durchlebt hat, ohne deren Verbindung zum Himmlischen zu begreifen. Hat die Geschlechtszugehörigkeit im Himmelreich Bedeutung? Darüber mögen sich die Theologen streiten. Daß der Platz der Mutter neben dem Sohn vor Leere glänzt – buchstäblich glänzt! – verleitet jedenfalls dazu, die Andeutung herauszulesen, daß in den Interpretationen der Passionsgeschichte der Held, der ein Mann ist, vielleicht zu sehr in den Vordergrund gestellt wurde. Wann hat man die stille Passion der Mütter gefeiert? Auch die der Mütter anderer Gekreuzigter, anderer freiwilliger Opfer. Ihrer Schwestern. Ihrer Frauen. Ihrer Freundinnen.

Rilkes sechste Elegie, die sog. Helden-Elegie, enthält Passagen, die inhaltlich zu den Mariengedichten passen und ebenfalls auf das Leid der Mütter hinweisen. "Wunderlich nah ist der Held doch den jugendlich Toten. Dauern/ ficht ihn nicht an. Sein Aufgang ist Dasein; beständig/ nimmt er sich fort und tritt ins veränderte Sternbild/ seiner steten Gefahr. Dort fänden ihn wenige." Und: "War er nicht Held schon in dir, o Mutter, begann nicht/ dort schon, in dir, seine herrische Auswahl?/ Tausende brauten im Schooß und wollten *er* sein,/ aber sieh: er ergriff und ließ aus –, wählte und konnte./ Und wenn er Säulen zerstieß, so wars, da er ausbrach/ aus der Welt deines Leibs in die engere Welt, wo er weiter/ wählte und konnte. O Mütter der Helden, o Ursprung/ reißender Ströme! Ihr Schluchten, in die sich/ hoch von dem Herzrand, klagend,/ schon die Mädchen gestürzt, künftig die Opfer dem Sohn."

Eine solche Auffassung bringt einen neuen Ton in unsere Interpretationen von Heldengeschichten. Angesichts der Tatsache, daß die Perspektive der Mariengedichte nahezu ausschließlich eine weibliche ist, könnte jemand sagen, der Erzähler habe eine Außenseiterperspektive gewählt. Und doch ist jede Heldensage auch die Geschichte derer, die dem Helden, demjenigen, der sich in Gefahr begibt, nahestehen. Ihre Passionsgeschichte ist nahezu die gleiche – mit dem Unterschied, daß sie weder Lorbeer noch Dornenkrone erhalten. Rilke verwischt die traditionell zwischen Haupt- und Nebenperson gezogene Grenze. In seiner Erzählung steht der Sohn am Rande – und gerade diese Entscheidung wirft neues Licht auch auf Seine Geschichte.

Das Buch der Bilder und die beiden Bände *Neue Gedichte* von Rilke enthalten auch Verse, in denen der Sohn eindeutig die Hauptgestalt, das Subjekt der Opfergeschichte ist; eines dieser neutestamentlichen Gedichte, *Das Abendmahl,* zeichnet ein Bild vom Alleinbleiben und sich Weiten.

> Sie sind versammelt, staunende Verstörte,
> um ihn, der wie ein Weiser sich beschließt
> und der sich fortnimmt denen er gehörte
> und der an ihnen fremd vorüberfließt.
> Die alte Einsamkeit kommt über ihn,
> die ihn erzog zu seinem tiefen Handeln;
> nun wird er wieder durch den Ölwald wandeln,
> und die ihn lieben werden vor ihm fliehn.
>
> Er hat sie zu dem letzten Tisch entboten
> und (wie ein Schuß die Vögel aus den Schoten
> scheucht) scheucht er ihre Hände aus den Broten
> mit seinem Wort: sie fliegen zu ihm her;
> sie flattern bange durch die Tafelrunde
> und suchen einen Ausgang. Aber er
> ist überall wie eine Dämmerstunde.

(Das Buch der Bilder, 1902*)*

Bei diesem Gedicht könnte man als Gedankenexperiment statt "Jesus" "Maria" lesen. Auch sie wurde ja von der "Schar der Getreuen" verlassen, freilich nicht in Gethsemane, sondern schon früher, als die Wundertaten anfingen. Die "Schar" ist ein Teil des eigenen Körpers, sein Kind. Doch das Weitwerden, zu dem der Sohn am Ende des Gedichts gelangt, vermag auch Maria schließlich zu leisten.

Die Geschichte der menschlichen Panik lokalisiert sich im Mythos. Die Stimme des Erzählers in Rilkes Gedichten verweist auf die Zeitlosigkeit des Mythos: die Perspektive des Vergangenen und die des Künftigen können vertauscht werden. Die ganze Zeit "weiß man bereits": bald wird es geschehen, das war ja vorhergesagt, so mußte es ja kommen. Eine solche Zeit ist tatsächlich die *ganze* Zeit: sie überschreitet die mit Uhren gemessene, lineare Periodisierung und Chronologie.

Die Mythenerzählung ist in der Regel durch ihre Höhepunkte gegliedert: ihnen nähert man sich auf den Spannungsbögen der Ausgangskonstellationen, auf sie zielen die Klimaxe, in ihnen bricht sich die Geschichte: die Peripetie ändert die Richtung. In dieser Hinsicht bilden Rilkes Mariengedichte zumindest nach dem aristotelischen Schema keine mustergültige Erzählung. Rilke holt viele marginale Punkte in den Fokus, von denen die Evangelisten und die Marienlegenden schweigen. Was empfinden denn die Hirten an ihrem Feuer? Was spürt die Mutter Johannes des Täufers in ihrem Bauch? Wo rastet man auf der Flucht nach Ägypten? Was geht dem Wunder von Kanaa voran? Zu welch Neuem finden die Frauen, die sich am Grab des Auferstandenen begegnen? Diese Randerzählungen belichtet Rilke mit dem Doppelblitz des Himmlischen und Irdischen, des Mythischen und Menschlichen, der Marias Engel viel zugänglicher erscheinen läßt als die metaphysische Gestalt der Elegien, die, "wenn ich schriee", wohl nichts hört. Teils ist die Begegnung sogar vielschichtiger, dialogischer als in den Elegien.

Neben dem Motiv des leeren Raums variiert der Marienzyklus das des Singens, des Lobpreisens. Auch dieses Motiv gipfelt später in den Elegien und den Sonetten an Orpheus im Lob der "Erde". Am Schluß einiger Mariengedichte nimmt dieser Engelsgesang, zunächst etwas aufgesetzt wirkend, den Platz des Epilogs ein. Im Eingangsgedicht halten die himmlischen Scharen ihren Gesang noch zurück. Sie sind Mittler: Boten in der Welt der Gedichte, aber auch diejenigen, die den Mythos, die von Rilkes Erzähler geschaffene Geschichte weitererzählen, die auf den Zuhörer deuten: singe, preise, erzähle auch du, schaffe deine eigene Variante, wie Thomas am Grab, laß das Kontinuum weiterfließen wie im (so sagt der finnische Leser) kalevalischen Gesang. Rilkes Heldengeschichte zerstört das Schema und die "Heiligkeit" der traditionellen Heldensage, doch gerade in ihren Brüchen läßt sie Raum zum Wachsen, so daß irgendwo im Dunkel des Schoßes oder einer anderen Kluft etwas noch nicht Ermeßliches, irgendeine "Blume", sich regen kann.

Ich würde Rilkes Marienzyklus nicht als Mythenparodie bezeichnen. Eine liebevoll-ironische Vermenschlichung des Mythos leistet der Zyklus allerdings und ist, insofern neben vielen Romanen von Thomas Mann oder Michel Tournier, im Grenzbereich zwischen traditioneller und moderner Literatur, angesiedelt. Auch in Rilkes eigenem Schaffen ist das Werk weniger peripher als es im Licht der bisherigen Forschung zu sein scheint. Die Berührungspunkte zu den Elegien sind interessant. Auch in Rilkes umfangreichem Briefwechsel finden sich "Marienparallelen". Rilke stellte ja in seiner gesamten Korrespondenz die konventionellen Formen der Liebe in Frage und wußte sich auch in die Position der Frau zu versetzen. "Der Tag wird kommen", prophezeite er schon 1904 in einem Brief an Franz Xaver Kappus, "-- eines Tages wird das Mädchen da sein und die Frau, deren Name nicht mehr nur einen Gegensatz zum Männlichen bedeuten wird, sondern etwas für sich, etwas, wobei man keine Ergänzung und Grenze denkt, nur an Leben und Dasein – der weibliche Mensch." *(Briefe an einen jungen Dichter.)*

Liisa Enwald
Übersetzung: Gabriele Schrey-Vasara

Lähteet

Bollnow, Hans von: *Rilke*. Stuttgart 1959.

Holthusen, Hans Egon: *Rilke. Rowohlts Monographien 22.* Rowohlt Taschenbuch Verlag GmbH, Reinbek bei Hamburg 1958.

Kippenberg, Katharina: *Rainer Maria Rilke*. Insel Verlag, Frankfurt am Main 1949.

Prater, Donald A.: *Ein klingendes Glas. Das Leben Rainer Maria Rilkes. Eine Biographie.* Aus dem Englischen von Fred Wagner. Rowohlt Taschenbuch Verlag GmbH, Reinbek bei Hamburg 1989 (1986).

Rilke, Rainer Maria: *Briefe*. Herausgegeben vom Rilke-Archiv in Weimar. In Verbindung mit Ruth Sieber-Rilke, besorgt durch Karl Altheim. Insel Verlag, Wiesbaden 1950.

Rilke, Rainer Maria: *Gesammelte Gedichte*. Insel Verlag, Frankfurt am Main 1962.

Rilke, Rainer Maria: *Duinon elegiat*. Suomeksi tulkinnut Aila Meriluoto. WSOY, Helsinki 1974.

Rilke, Rainer Maria: *Kirjeitä nuorelle runoilijalle*. Suom. ja toim. Liisa Enwald. *TAI*-teos, Helsinki 1993.

Rilke, Rainer Maria: *Hiljainen taiteen sisin. Kirjeitä vuosilta 1900-1926*. Suom. ja toim. Liisa Enwald. *TAI*-teos, Helsinki 1997.